ars vivendi

NEW YORK
in the
SIXTIES

Fotos Horst Schäfer

ars vivendi

Der Verlag und Horst Schäfer danken dem Reprostudio
Harald Schmidt für das unbezahlbare Engagement bei der
Reproduktion der Bilder.

Originalausgabe
Erste Auflage 2003
© 2003 by ars vivendi verlag GmbH & Co. KG, Cadolzburg
© Fotos Horst Schäfer
www.arsvivendi.com

Recherche und Auswahl der Songzitate: Georg Leipold
Redaktion: Sabine Cramer, Helmut Haberkamm
Grafische Gestaltung: Andrea Altemüller, München
Lithografie: Reprostudio Harald Schmidt, Nürnberg
Druck: Frankendruck, Nürnberg
Printed in Germany

ISBN 3-89716-382-9

Für meine Töchter Birgit und Heidi

Inhalt

Horst Schäfer

Meine Zeit in New York

Im April 1960 mit dem Schiff über den Ozean nach Amerika, ins Land der unbegrenzten Möglichkeiten? Zu diesem

Zeitpunkt waren wir Deutsche noch nicht so sehr von der amerikanischen Kultur geprägt wie die späteren

Generationen. Meine ersten Erfahrungen waren dann auch eher ernüchternd. Die Alltagsrealität, die das Leben in

New York kennzeichnete, war knallhart. Nachdem ich mich durchgebissen hatte und letztlich Fuß fassen konnte,

war ich erst nach einem Jahr in der Lage, meine Familie nachkommen zu lassen. Diese harte Zeit der beruflichen

Einbindung war aber zugleich ein visuell reiches, kreatives Fest, entstanden doch viele meiner New-York-Fotos

gerade in diesem ersten Jahr, als ich so oft in den Straßen der Metropole unterwegs war. Später, einhergehend mit

familiärem Leben und Umzug von Manhattan nach Queens, sank der Anteil meiner New-York-Fotos gegenüber

anderen Motiven. Trotzdem waren es die optischen Eindrücke, die meine New-York-Welt im Wesentlichen

ausmachten.

Die großen Ereignisse der Pop- und Rockkultur dieser Jahre geschahen für mich dabei eher im Hintergrund. Ich

war zwar dabei, als sich die ersten Folksänger und Rockpoeten im Washington Square Garden zusammenfanden

(siehe S. 116). Ebenso tanzte und fotografierte ich in der Peppermint Lounge. Doch während in Woodstock

Musikgeschichte geschrieben wurde, war ich mit meiner Familie im Urlaub – nur wenige Kilometer entfernt.

»Down on the corner, out in the street, Willy and the Poorboys are playin'«
Down on the Corner, Creedence Clearwater Revival

Hermann Glaser

Life Is Never What It Seems

Dynamische Veränderung macht das Wesen einer Stadt, einer Großstadt aus – noch dazu, wenn es sich um New York

handelt. »What's new? Drei Monate, das weißt du, sind eine New Yorker Ewigkeit«, heißt es in einem Brief aus

Manhattan. Fotografien aus den Sixties liegen dann Ewigkeiten zurück; sie sind eine historische Bestandsaufnahme, die

jedoch, wie jede Erinnerung, deutlich macht: Die Herkunft trägt die Zukunft in sich. Aber sie ruft auch Nostalgie hervor.

Denn die sechziger Jahre waren von faszinierender, erregender Vielfalt, die Kulturgeschichte der zweiten Hälfte des

20. Jahrhunderts entscheidend prägend: »People in Motion«, »Blowin' in the Wind«. Die Dekade war das Jahrzehnt

der Pop-Revolution. Seit ihrem sechswöchigen Auftreten im Hamburger Starclub 1962 erlebten die Beatles einen

kometenhaften Aufstieg; 1964 waren die ersten fünf Plätze der US-Hitlisten von ihren Titeln belegt; bis 1967

hatten sie 230 Songs geschrieben, die mit mehr als 200 Millionen Schallplatten verkauft wurden, als gleichermaßen

spektakulär erwies sich der Erfolg ihrer Filme. 1962 erschien Bob Dylans erstes Album. Zehntausende, Hundert-

tausende trafen sich auf Festivals; eine halbe Million kam 1969 in Woodstock zusammen, der Misere der Realität

durch das Medium der Musik entrückt. Die Welt erscheint als beautiful, peaceful; angesichts des gleichzeitig

wütenden Vietnam-Krieges eine Phantasmagorie. 1970 starben kurz hintereinander Jimi Hendrix und Janis Joplin an

Heroin. Die Antibabypille (seit 1960) revolutioniert das Sexualverhalten. Ohne sie, die Drogen, den neuen Beat hätte

es die Hippie-Bewegung wahrscheinlich nicht gegeben; die »Flower Power« (Allen Ginsberg) verband sich mit dem

»Till the stars fall from the sky«   11
Touch me, The Doors

Pazifismus und verlieh ihm eine exaltierte Spiritualität, die auch das Kult-Musical *Hair* (1967) bestimmte. Es

war ein Jahrzehnt der heftigsten Kämpfe um die Bürgerrechte – mittels Blockaden und blumigen wie blutigen

Demonstrationen. Bei dem Marsch auf Washington 1963 traten Bob Dylan und Joan Baez auf; Martin Luther King

hielt seine Rede »I have a dream«; er wurde 1968 ermordet, fünf Jahre nach dem tödlichen Attentat auf John F.

Kennedy, einem enthusiastisch umjubelten politischen Hoffnungsträger.

Das Zentrum des Kunstbetriebs wechselte von Paris nach New York, wo Andy Warhol mit seiner Absage an den

Originalitäts- und Kreativitätsanspruch, der Zuwendung zum Alltäglichen (Coca-Cola-Flaschen, Dollarnoten,

Suppendosen) und der Vorliebe für zeittypische Images (Elvis Presley, Marilyn Monroe, Liz Taylor, Jackie Kennedy,

Mao) zum einflussreichsten Künstler der Pop Art wurde.

Die Sechziger waren das Jahrzehnt der Weltraumfahrt; auf Jurij A. Gagarins Erdumkreisung 1961 folgte 1962 die

von John Glenn und 1969 die Mondlandung; Marshall McLuhan verkündete die elektronische Kulturrevolution,

welche die Welt zum »global village« mache. »The medium is the message« (1964).

Insgesamt sind die sechziger Jahre ein amerikanisch geprägtes Jahrzehnt; Horst Schäfer erlebte es in einem seiner wich-

tigsten Brennpunkte, in New York – und hielt es mit seinen Fotos fest. Zum Beispiel die Aufbruchsstimmung, welche

die erstarrten Verhältnisse zum Tanzen bringen wollte. »All we are saying is give peace a chance.« (John Lennon):

Ein Bild wie etwa das junger High-School-Schülerinnen und -Schüler, welche die Rückkehr der Soldaten aus Vietnam

in die Heimat fordern – 1969 waren es eine halbe Million – trifft eindrucksvoll den damaligen trotzigen Glauben der

Jugendlichen, dass die Welt anders, besser sein könnte. »Und dieses ... vage Gefühl ... gut zu sein ... ist irgendwie herangereift. Der neue Mensch als solcher in einer revolutionären Gesellschaft – das ist für mich ganz recht«, so

Rennie Davis, der Mitbegründer des SDS (Students for a Democratic Society), als er 1969 in Chicago angeklagt war.

Schäfer ist zu dieser Zeit vor allem Fotoreporter, der Agenturen beliefert. »›Bernsen's International Press Service‹,

eine niederländische Firma mit Hauptsitz in London und einer Filiale in New York, hat seine Reportagen damals

weltweit vertrieben, vor allem jedoch innerhalb Amerikas, wo sie in den Wochenendbeilagen jeweils ganze Seiten

füllten. Gleichzeitig war Schäfer für New Yorker Tageszeitungen in der Stadt unterwegs, fotografierte Kinder im

Wasserstrahl eines Hydranten oder eine Leiche vor dem Eingang eines Kinos, an dem mit großen Lettern aus-

gerechnet der Film ›The Killers‹ angekündigt wird: pointierte Beobachtungen, die den Vergleich mit den großen

Straßenfotografien nicht scheuen brauchen.« (Freddy Langer)

Seine eigentliche Leidenschaft aber galt zu dieser Zeit bereits der Architekturfotografie; (die Zeitungsredaktionen

konnten jedoch damit nichts anfangen). Auf diesen Bildern geht es nicht um die Sixties, auch wenn sie aus diesen

Jahren stammen; es geht um »die Stadt« schlechthin. »Geweb und Fels« lautet der Titel eines (unvollendeten)

Werkes von Thomas Wolfe. In diesem Bildungsroman voller Irrungen und Wirrungen erscheint New York (Manhattan)

als »fable rock«, Fabelfelsen, als Symbol all dessen, was man sich vom Leben erhoffen kann; Desillusionierungen und

Enttäuschungen lassen freilich nicht auf sich warten.

Die Stadt als »Geweb« – das Ineinander menschlicher Schicksalslinien zeigen die vielen Aufnahmen von Personen,

die der Zufall Horst Schäfer vor die Kamera führte; jedes Gesicht fordert dazu auf, Lebensgeschichten zu

imaginieren. Die Stadt als »Fels«, in ihrer architektonischen emblematischen Essenz, zeigen die Fotos des ersten

Kapitels. (Seit dem 11. September 2001 wissen wir, dass auch die festesten Türme westlicher Zivilisation wahn-

haftem Terrorismus nicht stand zu halten vermögen.)

In diesen Bildern wird bereits deutlich, was Schäfer zum Meister fotografischer Kunst machte. Er ist kein Symbolist,

der Wirklichkeit auf Hintersinn hin arrangiert oder gar inszeniert; er ist auch kein Expressionist, der Wirklichkeit als

Material für Gefühlsüberschwang nutzt; Schäfer ist zunächst und vor allem Realist: Ein Augenmensch, der den Augen-

Blick mit Hilfe seines Geräts festhält. Als Alexander von Humboldt 1839 in Paris das fotografische Verfahren des

Malers Jacques Daguerre kennen lernt, ist er fasziniert von der »unnachahmlichen Treue«, mit der dadurch die Natur

fixiert werden kann; sie »male sich gewissermaßen selbst«. Ein Fotokünstler wie Schäfer jedoch – und dies ahnte

Humboldt nicht – beugt sich der Realität nicht, er ist ihr Partner: denn immer ist es sein kreativer Zugriff, der zum Bild

führt. Als künstlerisches Subjekt erkennt er, wann und wo diese Realität besonders eindringlich und eindrucksvoll

wahrgenommen und wie sie, etwa durch Lichtwirkung, in ihrer Essenz wahrnehmbar gemacht werden kann. Ein Vogel

inmitten steil aufragender Wolkenkratzer; ein Arbeiter an einer unendlich tief scheinenden Hausfassade: Das ist die

Wirklichkeit des Wesentlichen, das Wesentliche einer Wirklichkeit, die mit Hilfe des objektiven Faktors Subjektivität,

mit künstlerischer Intuition, erlebt, erkannt, fotografiert wird. Nun liegt es an uns, auf die visuelle Evokation adäquat

zu antworten. Dies macht die so fruchtbare Kommunikation zwischen Künstler und Publikum aus.

Horst Schäfer – ein *global artist*, der sich in der Nürnberger Nische wohl fühlt – ist kein Architektur-Fotograf, der

Gebäude auflistet. Er dringt in die Gehäuse ein und entlockt ihnen den strukturellen Mehrwert, den er, als stiller

und einfühlsamer Künstler, jedoch nie oktroyiert. Jedes Foto gleicht einer Komposition, die unterschiedliche Gefühle,

Stimmungen und Gedanken zum Schwingen bringt. Große Kunst bewirkt kein Unisono. Sie reduziert nicht

Komplexität, sondern lässt uns der Wirklichkeit in ihrer Mehrdimensionalität begegnen. Heureka: uns ist ein Stück

Leben und Welt »aufgegangen«!

Schäfers Wirklichkeitswahrnehmung erfolgt mit Hingabe an die Realität; deshalb ist sie so ein- und nachdrücklich.

Man kann auch von einer Versenkung in die Realität sprechen. »He is«, – meinte ein amerikanischer Kritiker – »both

realistic and mystic.« – »Life is never what it seems, we're always searching in our dreams.«

»The continent of Atlantis was an island«
Atlantis, Donovan

Georg Leipold
It's Up to You

New York, Central Park, Westseite. IMAGINE steht in großen Lettern auf dem kreisförmigen, im Boden

eingelassenen Mosaik. »Strawberry fields«. Der Erinnerungsort an John Lennon, nicht weit vom Dakota-Building in

Central Park West, wo er erschossen wurde. Ich sitze auf einer Parkbank am Rand und verfolge voller ungläubigem

Staunen eine Art Sängerkrieg zwischen zwei Gitarre spielenden Männern, die sich fast handgreiflich in die Haare

kriegen um die Frage, wer hier heute und jetzt Songs von John Lennon spielen darf. Eine Frau, eine Art selbst

ernannte Hüterin des Gedenkortes, eilt herbei, greift ein, gerät zwischen die Sänger und wird abgedrängt. Sie ruft

nach der Polizei, bittet die Umsitzenden, sich als Zeugen zur Verfügung zu stellen und verschwindet dann einfach

im Park, nachdem sie die Blumen, die sie heute morgen gebracht hatte, wieder geordnet und den Staub vom

dazugelegten Brotlaib abgeblasen hat. Der Sängerwettstreit beruhigt sich langsam, man singt jetzt nacheinander

und dann sogar gemeinsam »I am a Walrus«. Love and peace scheinen zurückgekehrt an einen Ort, der verdeutlicht –

inzwischen Kultstätte und Ausflugsziel von Schulklassen und Touristengruppen –, wie sehr New York und die

Popmusik zusammengehören. Aber auch, wie weit die Zeit John Lennons schon zurückliegt – seine damalige Frau,

Yoko Ono, wurde gerade 70 Jahre alt.

Die Sechziger (des vergangenen Jahrhunderts muss man jetzt schon sagen) und die Popmusik. Was müsste man

darüber nicht alles schreiben. Soviel Anfang war nie – wie Hermann Glaser gerne sagt. Es wäre sicherlich zu

»I'm a face without a name, just walking in the rain«
Houston, Dean Martin

erzählen vom gesellschaftlich dringend benötigten, aufhellenden Sonnenlicht – »Peace will guide the planets« –

und – »Let the sunshine in« (Hair) –, von den Hoffnungen, die Leute wie John F. Kennedy und Martin Luther King

erweckten, von Krieg und Gewalt und der Sehnsucht nach Frieden – »To Susan on West Coast waiting, from Andy in

Vietnam fighting« (Donovan) –, für den man weit gehen muss – »How many roads must a man walk down« (Bob Dylan),

»The pursuit of happiness just seems a bore« (Rolling Stones). Von der Einsamkeit in den Städten wäre zu reden, von

den »strangers in the night« (Frank Sinatra), den Heimatlosen – »I'm not sleepy and there ain't no place I'm goin'

to« (Byrds) –, den rastlos Suchenden – »Hello darkness, my old friend« (Simon and Garfunkel) – und der

aufkommenden Hektik – »Ain't got time to take a fast train« (Box Tops). Aber auch von den Chancen auf individu-

elles Glück – »Well I feel so good, everybody's getting high« (Spencer Davis) –, vom kollektiven Vergnügen – »Come

on baby, let's do the twist« (Chubby Checker) – erstmals präsentiert 1960 in der Peppermint Lounge in New York –,

von Minirock und Woodstock, vom »Daydream believer« (Monkees) und der Liebe – »When a man loves a woman«

(Percy Sledge). Und von dem, was ins Licht der Wahrnehmung trat und heute wirkt, als wäre es schon immer

dagewesen: Fernsehduelle zwischen politischen Gegnern (Kennedy vs. Nixon, 1960), Normalpapierkopierer (Xerox,

1960), Getränkedosen aus Aluminium (1960), Sprite (1961) und Diet-Pepsi (1965), Polaroids (1962), Topless-Bars

(San Francisco,1964), Pampers (1966), den Super Bowl (1967), Herztransplantationen (1967), die Sesamstraße

(1969), das Penthouse Magazine (1969) und die bemannte Raumfahrt (1969). Und von noch vielem mehr.

Wenn man heute Songtexte aus diesen Jahren liest, scheint manches davon wieder auf, weckt lange zurückliegende

Erinnerungen oder schafft neue Erkenntnisse. Die zu den Bildern von Horst Schäfer ausgesuchten Songzeilen sind denn auch keine Erläuterungen – die haben seine Bilder wahrlich nicht nötig. Sie sind eher Kommentare, subjektive

Assoziationen in gemeinsam verfügbaren Erinnerungskontexten – für die, die Songs kennen – und Appetithappen

für die Post-Post-Boomer, die Newbies. Das Spektrum ist breit: Zitate aus 70 Songs von 50 Bands oder einzelnen

KünstlerInnen vermitteln einen Eindruck von der »Macht der Vergangenheit« und davon, wie viele der inzwischen

klassischen Songs aus der Zeit zwischen 1960 und 1970 stammen. Wer die amerikanischen Charts dieser Jahre

durchsieht, findet unter den ersten 100 jeden Jahres ohne Mühe 20, 30, ja manchmal bis zu 60 Songs, die Zeugnis

vom kreativen Potential, dem Vermarktungsgeschick und dem »Bedarf« nach neuer Musik in jenen Jahren ablegen

und die heute zum Kanon der Popmusik gezählt werden. Die in diesem Band getroffene Auswahl versucht

Zeitströmungen zu reflektieren, Exemplarisches aufzuführen, den Kanon im Auge zu behalten, den Ernst der Themen

mit der Leichtigkeit des Wortes zu verbinden – und natürlich vor allem die Bilder Horst Schäfers zu ergänzen. Nur

mit diesen zusammen ergeben sie Sinn.

Wer auf die amerikanischen Charts jener Zeit blickt, sollte zur vergleichenden Betrachtung auch die deutschen

heranziehen. So wird vielleicht ein wenig von dem »Hunger« nach Popmusik verständlich, der in Deutschland

(und sicher nicht nur da) herrschte und der für das »Eingraben« jener Musik in viele Hirne und Herzen sorgte –

heute Gegenstand vieler Scherze in Kabarett und Comedy: die Hippies und ihre Musik.

Nehmen wir das Jahr 1963. Während jenseits des großen Teichs Peter, Paul und Mary die Ballade von »Puff, the

magic dragon« in die Welt setzten und die fröhlichen Beach Boys »Surfin´ U.S.A.« besangen (und zugegeben,

Trini Lopez sich fragte, was er machen würde, wenn er einen »Hammer« hätte), führten diesseits Freddy Quinn mit

»Junge, komm bald wieder« und später Gitte mit ihrer Suche nach einem »Cowboy als Mann« die deutschen Hitlisten an. Billy Mo wollte »lieber einen Tirolerhut« kaufen, Peter Hinnen reimte »Siebentausend Rinder« auf Kinder und Winter und das Medium-Terzett begab sich auf die Suche nach dem »Schatz im Silbersee«. Elvis schaffte es mit »Devil in disguise« (auf deutsch unter dem Titel »Liebe kälter als Eis« vom unvergessenen Rex Gildo geschmettert) immerhin bis auf Platz 18, in der Bravo-Musikbox-Jahresbestenliste sogar bis auf Platz 11 der Jahreshitlisten. »Rote Lippen soll man küssen« von Cliff Richard erklingt noch heute zu vorgerückter Stunde auf nahezu jedem 50. Geburtstag.

Oder nehmen wir 1967. In den USA konnte es den Box Tops in »The letter« gar nicht schnell genug mit der Heimreise und dem Aufstieg in die Top Charts gehen, Bobby Gentry hauchte unkonventionell die »Ode to Billy Joe« ins Mikrofon, die Doors schrien »Light my fire«, die Monkees sangen »I'm a believer«, die Beatles »All you need is love« und »Penny Lane«, die Rolling Stones »Ruby tuesday« und Frank Sinatra mit Tochter Nancy »Somethin' stupid«. Und bei uns? Die Bravo-Musikbox-Jahresbestenliste führte Roy Black mit »Frag nur dein Herz« vor Roy Black mit »Meine Liebe zu dir« an. Von der Anzahl der verkauften Scheiben her waren das jedoch nur die Plätze 3 und 4. Spitzenreiter hier war »Lara´s Theme« – die Titelmelodie aus dem Schiwago-Film, in der Instrumentalfassung. Die deutsch gesungene Version hieß »Weißt du wohin«? und wurde von der »Stimme Prags«, Karel Gott, zum Besten gegeben. Die Rolling Stones schafften es in der Bravo bis auf Platz 15, die Beatles sogar auf 10. Und Scott McKenzie ging (auf Platz 5) mit der Hippie-Hymne über »San Francisco« knapp vor dem alle Ketten sprengenden Ricky Shane durchs Ziel. Deutsch gesungene Titel wurden langsam zur Minderheit.

»People in motion«
San Francisco, Scott McKenzie

Und New York und die Sixties? War immer auch selbst Gegenstand von Songs, von Wilson Picketts »Funky Broadway« bis zu vielen Songs von Simon and Garfunkel – die zur Jahrtausendwende deshalb auch ein Very-Best-Of-Album mit dem Titel »Tales from New York« herausbrachten. Die New-York-Hymne schlechthin aber kam erst später, im Mai 1980. Old Blue Eyes sang »New York, New York«. Der Stadt, die niemals schläft, wurde ein musikalisches Denkmal gesetzt, das sie, auch in ihrer Wirkung für das Musikgeschehen in Pop, Rock, Jazz, Soul, Funk, Hip-hop, House undundund sicherlich verdient: »If I can make it there, I'll make it anywhere«. New York ist »A number one, top of the list«, Stadt der Musik und Stadt des Verkehrs (wie es gleich zu Beginn des Reiseführers »New York for Dummies« heißt). Und New York erlebte erschreckend und hautnah, wie es ist, wenn aus einer »City of dreams« (Robin Gibb) eine »City of ruins« (Bruce Springsteens Song zum Gedenken an den 11. September 2001) wird. Popsongs sind die Bibelsprüche des 20. Jahrhunderts. Man mag sie – oder auch nicht. »It's up to you – do the alligator, do the watootsie, do that jerko – do the funky broadway.«

»So if your lookin' for a lover, don't judge a book by its cover«

Beauty is only skin-deep, The Temptations

City of Dreams

»When will they ever learn?«
Where Have all the Flowers Gone, The Kingston Trio

»Born free, as free as the wind blows«
Born Free, Andy Williams

»To everything – turn, turn, turn – there is a season«
Turn! Turn! Turn!, The Byrds

»It ain't me you're lookin' for, babe«
It Ain't Me Babe, Bob Dylan

»Tall and tan and young and lovely«
The Girl from Ipanema, Frank Sinatra

»If I had a hammer«
If I Had a Hammer, Trini Lopez

»And the only time he's satisfied is when he's on a drunk«
House of the Rising Sun, The Animals

»Clean up your own backyard«
Clean Up Your Own Backyard, Elvis Presley

»I think I'm gonna be sad«
Ticket to Ride, The Beatles

»I have my books and my poetry to protect me«
I Am a Rock, Simon and Garfunkel

»Sick at heart and lonely, deep in dark despair«
Heart Full of Soul, The Yardbirds

»Black as a dark night she was, got what no one else had«
Venus, Shocking Blue

»If I told you what it takes to reach the highest high,
you'd laugh and say ›nothing's that simple‹«
I'm Free, The Who

»There's a shadow hanging over me«
Yesterday, The Beatles

»Hello lamppost, what ya knowin'?«
The 59th Street Bridge Song, Simon and Garfunkel

People in Motion

»I know I stand in line until you think you have the time to spend an evening with me«
Somethin' Stupid, Frank Sinatra

»Yes I'm goin' away, maybe I'll be back some day«
Baby Don't Go, Sonny and Cher

»Stopped into a church I passed along the way«
California Dreamin', The Mamas and Papas

»Two lonely people together«
The Last Waltz, Engelbert Humperdinck

»The sun ain't gonna shine anymore«
The Sun Ain't Gonna Shine Anymore, The Walker Brothers

»Lonely days are gone, I'm a-goin' home«
The Letter, The Box Tops

»What goes up must come down«
Spinning Wheel, Blood, Sweat and Tears

»People talking without speaking«
The Sound of Silence, Simon and Garfunkel

»How does it feel? To be on your own, without a home«
Like a Rolling Stone, Bob Dylan

»Cool cat, looking for a kitty«
Summer in the City, The Lovin' Spoonful

»Life is never what it seems, we're always searching in our dreams«
The Other Man's Grass is Always Greener, Petula Clark

»And I always play to win«
I'm a Man, Spencer Davis Group

»He's the one who gives his body as a weapon of the war«
Universal Soldier, Donovan

»Do the alligator«
Land of a Thousand Dances, Wilson Pickett

»And freedom tastes of reality«
I'm Free, The Who

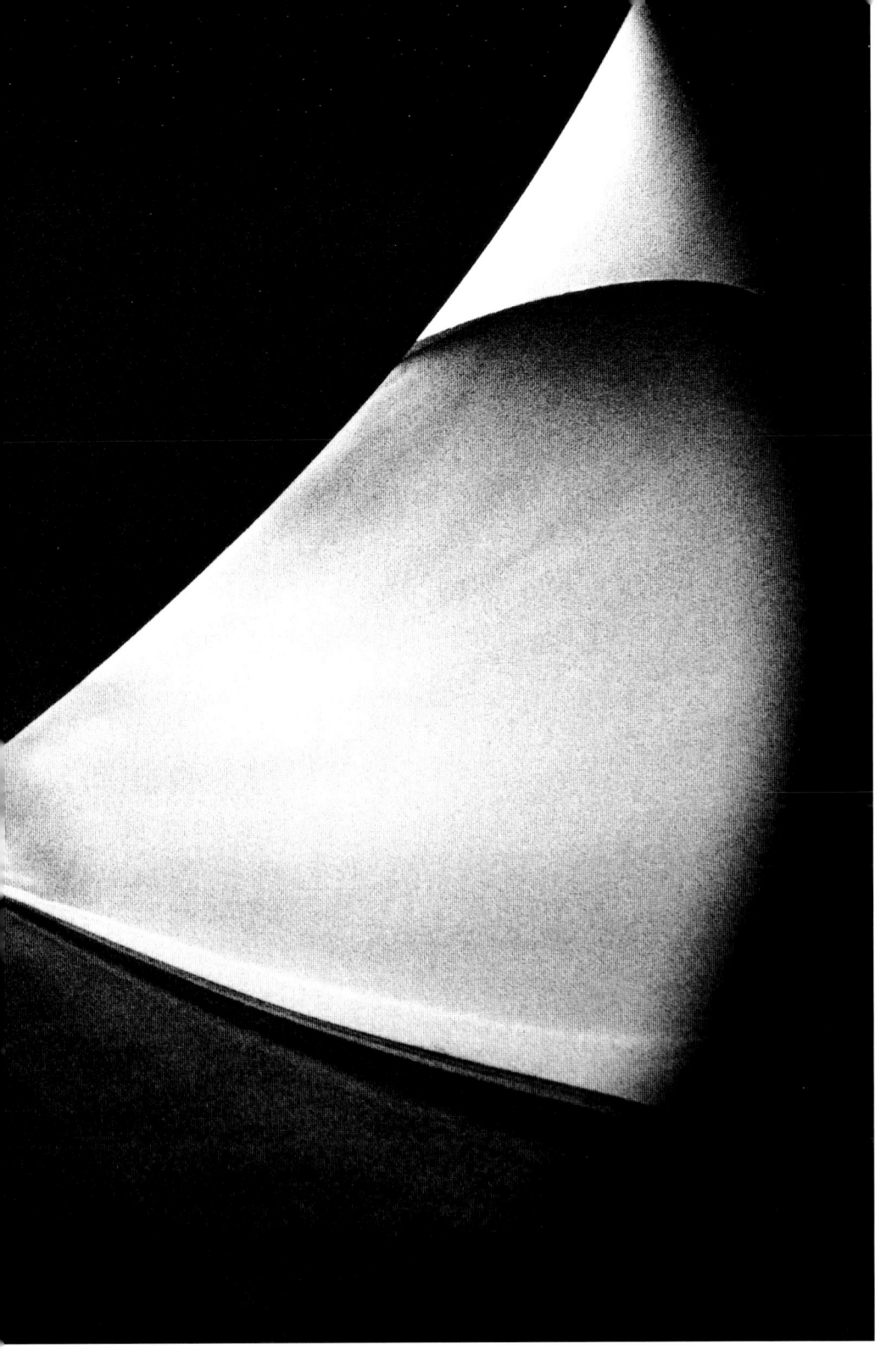

»This is the way I always dreamed it would be«
I Can Hear Music, The Beach Boys

»Groovin' on a Sunday afternoon«
Groovin', The Young Rascals

»I'll soon be kissing your sweet little pussycat lips«
What's New Pussycat, Tom Jones

»Every other day of the week is fine«
Monday, Monday, The Mamas and Papas

»Seeking out the poorer quarters where the ragged people go«
The Boxer, Simon and Garfunkel

»Half-remembered names and faces, but to whom do they belong«
The Windmills of Your Mind, Noel Harrison

»When Jesus washed, he washed my sins away«
Oh Happy Day, Edwin Hawkins Singers

»But don't you know that no one alive can always be an angel«
Don't Let Me Be Misunderstood, The Animals

Eight Days a Week

»I'm not scared of dying and I don't really care«
And When I Die, Blood, Sweat and Tears

»Don't know much about history«
Wonderful World, Sam Cooke

»This is a man's world«
It's a Man's World, James Brown

»You try to be smart«
Don't Sleep in the Subway, Petula Clark

»You know how hard it can be«
The Ballad of John and Yoko, The Beatles

»Bein' good isn't always easy«
Son of a Preacher Man, Dusty Springfield

»So happy together«
Happy Together, The Turtles

»I was feeling kind of seasick, but the crowd called out for more«
A Whiter Shade of Pale, Procul Harum

»I can swear there ain't no heaven but I pray there ain't no hell«
And When I Die, Blood, Sweat and Tears

»Strobe light's beam creates dreams«
San Franciscan Nights, Eric Burdon and The Animals

»One thing I can tell you is: You got to be free«
Come Together, The Beatles

»And wishing I was gone, going home, where the New York City winters aren't bleeding me«
The Boxer, Simon and Garfunkel

»Trailers for sale or rent«
King of the Road, Roger Miller

»There's a bad moon on the rise«
Bad Moon Rising, Creedence Clearwater Revival

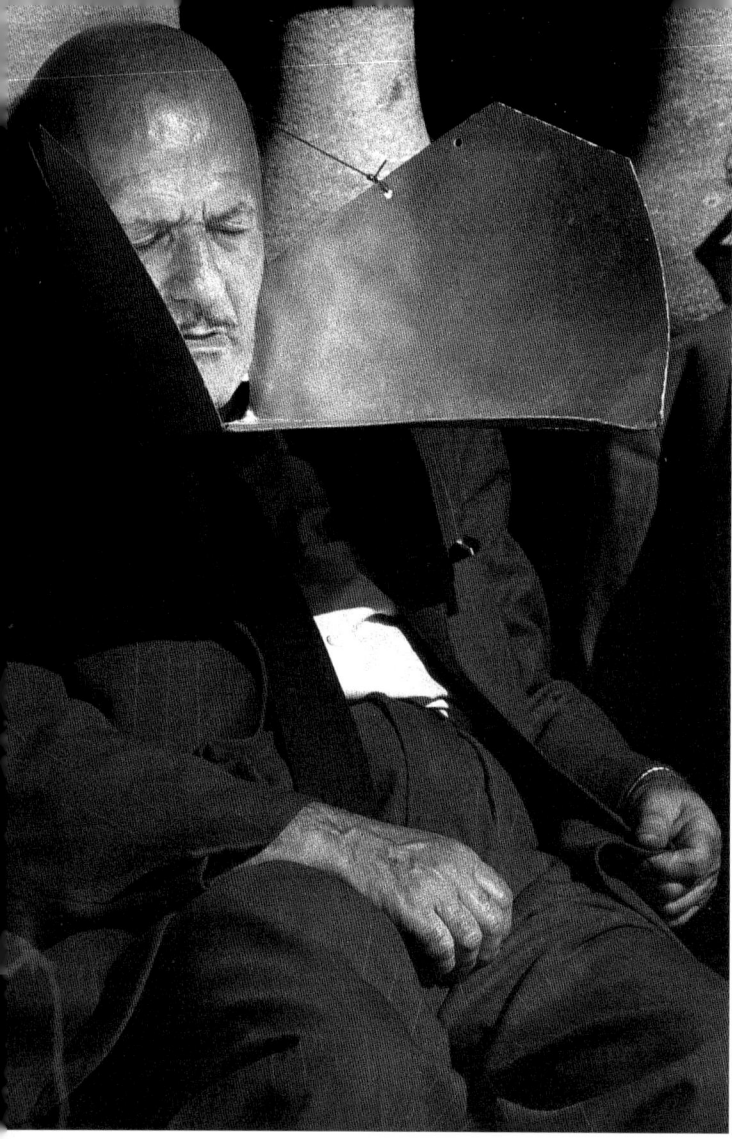

»He's a dedicated follower of fashion«
Dedicated Follower of Fashion, The Kinks

»I'm a-feeling motherless somehow«
In the Heat of the Night, Ray Charles

»It's not unusual to have fun with anyone«
It's Not Unusual, Tom Jones

»What a drag it is getting old«

Mother's Little Helper, The Rolling Stones

»Live this life of luxury«
Sunny Afternoon, The Kinks

»Big boss man, why can't you hear me when I call«
Big Boss Man, Elvis Presley

»So welcome back baby to the poor side of town«
Poor Side of Town, Johnny Rivers

»When you're alone and life is making you lonely, you can always go – downtown«
Downtown, Petula Clark

Blowin' in the Wind

»Harmony and understanding, sympathy and trust abounding«
Aquarius, The 5th Dimension

»All we are saying is give peace a chance«
Give Peace a Chance, John Lennon and the Plastic Ono Band

»Gimme head with hair, long beautiful hair«
Hair, Gerome Ragni and James Rado

»Hold me, love me, eight days a week«
Eight Days a Week, The Beatles

»But people passing by don't know the reason why«
No Milk Today, Herman's Hermits

»We can't go on together with suspicious minds«
Suspicious Minds, Elvis Presley

»Silence is golden, but my eyes still see«
Silence Is Golden, The Tremeloes

»Come on baby, light my fire«
Light My Fire, The Doors

»It wasn't me that started that old crazy Asian War«
Ruby Don't Take Your Love to Town, Kenny Rogers

»Don't bring me down«
Don't Bring Me Down, The Animals

»And the phrases that I rhyme are just footsteps out of time«
Ruben James, Kenny Rogers and the First Edition

»The answer is blowin' in the wind«
Blowin' in the Wind, Bob Dylan

»I think that all grown-ups have beans in their ears«
Beans in my Ears, Serendipity Singers

»I'm pickin' up good vibrations«
Good Vibrations, The Beach Boys

»He's tellin' me more and more about some useless information«
I Can't Get No Satisfaction, The Rolling Stones

»You need coolin'«
Whole Lotta Love, Led Zeppelin

»The only one who could ever reach me was the son of a preacher man«
Son of a Preacher Man, Dusty Springfield

Bildverzeichnis

Foto: Nikolaj Tarasov

Horst Schäfer,

Jahrgang 1932, Autodidakt, begann 1959 mit der Berufsfotografie. Er arbeitete zunächst als Bildjournalist in Düsseldorf. 1961 wanderte er nach New York aus, war dort als Feature-Fotograf für die *New York Racing* tätig und veröffentlichte u. a. in der *New York Times*. 1974 siedelte er nach Colorado über und arbeitete nun vornehmlich im Bereich Reportage-, Werbe- und Architekturfotografie.

Horst Schäfer lebt seit 1980 wieder in Deutschland, wo er bis 1993 als Bildjournalist für die *AP (Associated Press)* tätig war. Seitdem ist er freier Fotograf, wobei er sich neben seiner bildjournalistischen Arbeit besonders der künstlerischen Fotografie widmet. Seine Werke wurden mehrfach ausgezeichnet und in Ausstellungen gezeigt.

Georg Leipold,

Jahrgang 1951, zuletzt Schul- und Kulturdezernent der Stadt Nürnberg, liebt

New York (»I want to wake up in a city that never sleeps«, Frank Sinatra),

sammelt Zitate (»Don't ask me why«, Bee Gees) und arbeitet zur Zeit an einem

Wörterbuch mit Rock- und Popsong-Zitaten, »Der kleine Rockhaus«. Mehr

erzählt er nicht von sich (»And he keeps it, out of sight«, Mack the Knife)

Hermann Glaser,

geboren 1928, von 1964 bis 1990 Schul- und Kulturdezernent der Stadt

Nürnberg; wirkt als Honorarprofessor für Kulturvermittlung an der Technischen

Universität Berlin. Zahlreiche Veröffentlichungen, u. a. die dreibändige

Kulturgeschichte der Bundesrepublik Deutschland; ferner *Deutsche Kultur*

1945–2000.